まえがき

JN070073

　『日毎の糧 ── 主日聖書日課・家庭礼拝暦』２０２４年度版をお届けします。今年は４年サイクルの最終年である「Ｄ年」にあたります。

　新しい聖書翻訳として日本聖書協会から『聖書　聖書協会共同訳』が２０１８年に出版されて、６年目を迎えました。すでにお手元に備えておられる方、礼拝で使用している教会も徐々に増えてきているのではないかと思います。本誌の場合、原則的には聖書の言葉そのものを引用することはないので、新しい訳の聖書が出版されてもその点で変更や支障が生じることはほとんどありません。

　しかし、ごくまれなことですが、翻訳が改められる際、原典との関連や新たな研究成果に基づいて、章や節の区切りなどが変わることがあります。文語訳から口語訳、また口語訳から新共同訳への移行の際などにそうしたことが生じました。それに気づかないまま、従来の章・節の区切りを使いつづけていると、聖書日課の配分・朗読にも当然のことながら不自然な結果が生まれます。本紙の編集作業はそうした点にも留意しながら続けられてきたわけですが、実はごく最近も本誌の読者の方から章・節の区切りについてご質問・ご指摘を受けたことがあります。担当する側の不注意を自覚させられると共に、この日課を実際に用いていただいている読者の方々からのご指摘に感謝しつつ、必要な対処を取らせていただきました。本紙をより良いものとしていくために、お気づきの点やご要望などがあればどうぞご連絡いただければと願っています。

　今年の「聖書日課編集委員会」は、吉岡光人（委員長、週日聖書日課小見出し後半）、古旗誠（主日賛美歌選曲）、八木浩史（週日主日課小見出し前半）、越川弘英（まえがき・聖書日課の用い方）が担当しました。

（越川弘英）

日本基督教団
信仰告白

我らは信じかつ告白す。

旧新約聖書は、神の霊感によりて成り、キリストを証し、福音の真理を示し、教会の拠るべき唯一の正典なり。されば聖書は聖霊によりて、神につき、救ひにつきて、全き知識を我らに与ふる神の言にして、信仰と生活との誤りなき規範なり。

主イエス・キリストによりて啓示せられ、聖書において証せらるる唯一の神は、父・子・聖霊なる、三位一体の神にていましたまふ。御子は我ら罪人の救ひのために人と成り、十字架にかかり、ひとたび己を全き犠牲として神にささげ、我らの贖ひとなりたまへり。

神は恵みをもて我らを選び、ただキリストを信ずる信仰により、我らの罪を赦して義としたまふ。この変らざる恵みのうちに、聖霊は我らを潔めて義の果を結ばしめ、その御業を成就したまふ。

教会は主キリストの体にして、恵みにより召されたる者の集ひなり。教会は公の礼拝を守り、福音を正しく宣べ伝へ、バプテスマと主の晩餐との聖礼典を執り行ひ、愛のわざに励みつつ、主の再び来りたまふを待ち望む。

我らはかく信じ、代々の聖徒と共に、使徒信条を告白す。

我は天地の造り主、全能の父なる神を信ず。我はその独り子、我らの主、イエス・キリストを信ず。主は聖霊によりてやどり、処女マリヤより生れ、ポンテオ・ピラトのもとに苦しみを受け、十字架につけられ、死にて葬られ、陰府にくだり、三日目に死人のうちよりよみがへり、天に昇り、全能の父なる神の右に坐したまへり、かしこより来りて、生ける者と死ねる者とを審きたまはん。我は聖霊を信ず、聖なる公同の教会、聖徒の交はり、罪の赦し、身体のよみがへり、永遠の生命を信ず。　　　　　アーメン。

主の祈り

天にまします我らの父よ、
ねがわくはみ名をあがめさせたまえ。
み国を来らせたまえ。
みこころの天になるごとく　地にもなさせたまえ。
我らの日用の糧を、今日も与えたまえ。
我らに罪をおかす者を　我らがゆるすごとく、
我らの罪をもゆるしたまえ。
我らをこころみにあわせず、悪より救い出したまえ。
国とちからと栄えとは　限りなくなんじのものなればなり。
アーメン

日本基督教団　生活綱領

　われわれは、神の恵みにより父と子と聖霊との名においてバプテスマをうけ主の体なる教会に入れられた者であるから、すべての不義と迷信とをしりぞけ、互に主にある兄弟姉妹の交わりを厚うし、常に神の栄光のあらわれるように祈り、つぎのことを相共につとめる。

1 教会の秩序を守り、その教えと訓練とに従い、聖日礼拝・祈祷会その他の集会を重んじ、聖餐にあずかり、伝道に励み、時と財と力とをささげて教会の維持発展につくすこと。

2 日日聖書に親しみ、常に祈り、敬虔・純潔・節制・勤労の生涯を全うすること。

3 家庭の礼拝を重んじ、家族の和合を尊び、子女を信仰に導き、一家そろって神につかえること。

4 互に人格を重んじ、隣人を愛し、社会の福祉のために労し、キリストの正義と愛とがあまねく世に行われるようにすること。

5 神の御旨に従って、国家の道義を高め、国際正義の実現をはかり、世界平和の達成を期すること。

　願わくは神、われわれを憐み、この志を遂げさせたまわんことを。
アーメン。

（1954年10月28日第8回日本基督教団総会において制定）

公現日（栄光祭）	1月 6 日（土）
灰の水曜日	2月14日（水）
四旬節（受難節・レント）	2月14日（水）～3月30日（土）
棕梠の主日	3月24日（日）
受難週	3月24日（日）～3月30日（土）
洗足木曜日	3月28日（木）
受難日	3月29日（金）
復活日（イースター）	3月31日（日）
昇天日	5月 9 日（木）
聖霊降臨日（ペンテコステ）	5月19日（日）
三位一体主日	5月26日（日）
待降節（降臨節・アドベント）	12月 1 日（日）～12月24日（火）
降誕日（クリスマス）	12月25日（水）

（日本基督教団口語式文による）

元旦礼拝	1月 1 日（月）
信教の自由を守る日	2月11日（日）
世界祈祷日	3月 1 日（金）
労働聖日（働く人の日）	4月28日（日）
母の日	5月12日（日）
アジア・エキュメニカル週間	5月12日（日）～5月18日（土）
子どもの日（花の日）	6月 9 日（日）
日本基督教団創立記念日	6月24日（月）
平和聖日	8月 4 日（日）
世界聖餐日、世界宣教の日	10月 6 日（日）
神学校日	10月13日（日）
伝道献身者奨励日	10月13日（日）
信徒伝道週間	10月20日（日）～10月26日（土）
教育週間	10月20日（日）～10月27日（日）
宗教改革記念日	10月31日（木）
聖徒の日（永眠者記念日）	11月 3 日（日）
障害者週間	11月10日（日）～11月16日（土）
収穫感謝日	11月24日（日）
謝恩日	11月24日（日）
社会事業奨励日	12月 1 日（日）

特定行事の聖書日課

元　旦　礼　拝	創世記 1:1-5	黙示録 21：1-7	ヨハネ 2:1-12	詩編 96:1-13
公　　現　　日	イザヤ 49:7-13	黙示録 21:22-22:5	マタイ 2:1-12	72:1-11
信教の自由を守る日	サムエル上 8:4-18	1 コリント 1:18-25	マタイ 4:1-11	2:1-12
灰　の　水　曜　日	出エジプト 20:1-17	2 コリント 5:14-6:2	マタイ 6:1-15	119:57-64
洗　足　木　曜　日	エレミヤ 31:31-34	1 コリント 11:23-29	ヨハネ 13:1-15	40:13-18
受　　難　　日	イザヤ 50:4-9	コロサイ 1:18-23	ヨハネ 18:1-19:37	69:17-22
労　働　聖　日 （働く人の日）	アモス 5:10-15	2 コリント 5:14-21	ヨハネ 5:10-18	128:1-6
母　　の　　日	箴言 1:7-10	2 ペトロ 1:3-11	マルコ 3:31-35	113:1-9
昇　　天　　日	ダニエル 7:13-14	使徒 1:1-11	ヨハネ 16:1-11	51:12-19
子　ど　も　の　日 （花の日）	サムエル上 1:19-28	2 テモテ 1:3-7	マタイ 13:44-50	148:1-14
教団創立記念日	エゼキエル 36:22-28	1 コリント 3:10-17	ヨハネ 13:12-20	82:1-8
平　　和　　聖　　日	イザヤ 8:23b-9:6	ローマ 15:7-13	ヨハネ 15:7-13	147:1-14
世　界　聖　餐　日	イザヤ 25:6-9	1 コリント 10:14-22	ヨハネ 17:6-11	100:1-5
神　学　校　日 伝道献身者奨励日	エレミヤ 1:4-10	ローマ 12:1-8	ヨハネ 15:12-17	108:2-14
信徒伝道週間	民数記 11:24-30	エフェソ 4:11-24	マタイ 9:35-38	32:1-11
教　育　週　間	申命記 6:1-9	1 コリント 3:5-9	マルコ 9:33-37	78:1-8
宗教改革記念日	サムエル下 14:18-24	ヘブライ 9:6-10	マルコ 11:15-19	73:13-20
聖　徒　の　日 （永眠者記念日）	コヘレト 3:1-8	1 テサロニケ 4:13-14	ヨハネ 6:52-59	90:1-15
収　穫　感　謝　日 謝　　恩　　日	創世記 8:15-22	ガラテヤ 6:7-10	マタイ 6:25-34	33:1-7
社会事業奨励日	歴代下 15:1-7	ローマ 12:9-21	マタイ 6:1-4	8:2-10

5

January

	日	曜日	週日聖書日課	内　　　容	詩編	週日副日課
元旦礼拝	1	月	ルカ　3:1～14	洗礼者ヨハネの宣教	115	イザヤ 42:1～9
	2	火	3:15～22	洗礼者ヨハネの入獄	147	42:10～25
	3	水	4:1～13	悪魔の誘惑を受ける	140	43:1～7
	4	木	4:14～30	ナザレの会堂での出来事	142	43:8～20
	5	金	4:31～44	悪霊を追放する	144	43:21～28
公現日（栄光祭）	6	土	5:1～11	漁師を弟子にする	145	44:1～5
（降誕節第2主日） （公現後第1主日）	7	日	21 277 1 200	〈イエスの洗礼〉 イザヤ 42:1～9 **ヨハネ 1:29～34**		エフェソ 2:1～10 詩編 36:6～10
	8	月	ルカ　5:12～26	重い病気の人をいやす	146	イザヤ 44:6～22
	9	火	5:27～39	全く新しい福音を語る	148	44:23～28
	10	水	6:1～11	人の子は安息日の主	149	45:1～8
	11	木	6:12～26	十二人の弟子と共に	150	45:9～13
	12	金	6:27～38	敵を愛し、人を裁くな	1	45:14～17
	13	土	6:39～49	よい実を結ぶ者となれ	2	45:18～25
（降誕節第3主日） （公現後第2主日）	14	日	21 524 1 450	〈最初の弟子たち〉 サムエル上 3:1～10 **ヨハネ 1:35～51**		ガラテヤ 1:11～24 詩編 119:9～16

21 ＝『讃美歌 21』　　1 ＝『讃美歌』　　2 ＝『讃美歌第二編』

15	月	ルカ	7:1〜17	神の権威ある御言葉	3	イザヤ46:1〜13
16	火		7:18〜23	来るべき方	4	47:1〜9
17	水		7:24〜35	洗礼者ヨハネについて	5	47:10〜15
18	木		7:36〜50	罪深い女を赦す	6	48:1〜11
19	金		8:1〜15	「種を蒔く人」のたとえ	7	48:12〜22
20	土		8:16〜25	信仰はどこにあるか	8	49:1〜6
(降誕節第4主日) (公現後第3主日) 21	日	② 286 ① 228	〈宣教の開始〉 出エジプト 33:12〜23 **ヨハネ 2:1〜11**			1 ヨハネ 1:1〜4 詩編 19:1〜7
22	月	ルカ	8:26〜39	ゲラサの人のいやし	9	イザヤ 49:7〜13
23	火		8:40〜56	ただ信じなさい	10	49:14〜21
24	水		9:1〜9	十二人を派遣する	11	49:22〜26
25	木		9:10〜17	五千人への給食	12	50:1〜11
26	金		9:18〜27	ペトロの信仰告白	13	51:1〜11
27	土		9:28〜43a	山上での変容と下山	14	51:12〜23
(降誕節第5主日) (公現後第4主日) 28	日	② 443 ② 195	〈教えるキリスト〉 ヨブ 22:11〜28 **ヨハネ 8:21〜36**			2 ヨハネ 1〜13 詩編 125:1〜5
29	月	2コリント	1:1〜14	苦難と慰め、そして感謝	15	エレミヤ 1:1〜10
30	火		1:15〜2:4	コリント訪問の延期	16	1:11〜19
31	水		2:5〜17	キリストの勝利の行進	17	2:4〜13

③ = 『ともにうたおう』　　　Ⓒ = 『こどもさんびか　改訂版』

February

	日	曜日	週日聖書日課	内　容	詩編	週日副日課
	1	木	2コリント 3:1〜18	わたしたちの推薦状	18:1〜31	エレミヤ 3:6〜18
	2	金	4:1〜18	土の器に納めた宝	18:32〜51	4:5〜14
	3	土	5:1〜21	目に見えるものによらず	19	4:19〜31
（降誕節第6主日） （公現後第5主日）	4	日	㉑ 202 ① 271 下	〈いやすキリスト〉 ヨブ 23:1〜10 **ヨハネ 5:1〜18**		ヤコブ 1:2〜5 **詩編 32:1〜7**
	5	月	2コリント 6:1〜10	神の恵みを無駄にしない	20	エレミヤ 5:1〜9
	6	火	6:11〜7:1	生ける神の神殿	21	5:20〜31
	7	水	7:2〜16	教会の悔い改めを喜ぶ	22	6:9〜15
	8	木	8:1〜15	自発的な施し	23	6:22〜30
	9	金	8:16〜9:5	エルサレム教会への献金	24	7:1〜15
	10	土	9:6〜15	惜しみなく与えよう	25	7:21〜28
信教の自由を守る日 （降誕節第7主日） （公現後第6主日）	11	日	㉑ 198 ① 352	〈奇跡を行うキリスト〉 申命記 8:1〜6 **ヨハネ 6:1〜15**		フィリピ 4:10〜20 **詩編 95:1〜11**
	12	月	2コリント 10:1〜10	キリストにある優しさ	26	エレミヤ8:18〜9:5
	13	火	11:1〜15	偽使徒たち	27	9:16〜24

㉑ ＝『讃美歌21』　　① ＝『讃美歌』　　② ＝『讃美歌第二編』

灰の水曜日	14	水	1コリント 9:19 ～ 27	全ての人に対処する秘訣	102	エレミヤ 14:7 ～ 9
	15	木	2コリント 11:16 ～ 33	使徒としての労苦	28	10:1 ～ 11
	16	金	12:1 ～ 21	教会へのパウロの心遣い	29	10:12 ～ 16
	17	土	13:1 ～ 13	終わりの勧めの言葉	30	10:17 ～ 24
(復活前第6主日) (受難節第1主日) (四旬節第1主日)	18	日	㉑ 284 ① 256	〈荒れ野の誘惑〉 出エジプト 17:3 ～ 7 **マタイ 4:1 ～ 11**		ヘブライ 4:12 ～ 16 詩編 91:1 ～ 13
	19	月	ガラテヤ 1:1 ～ 10	福音はただ一つである	31	エレミヤ 12:1 ～ 6
	20	火	1:11 ～ 24	使徒パウロの誕生	32	13:18 ～ 27
	21	水	2:1 ～ 10	異邦人の使徒パウロ	33	15:10 ～ 21
	22	木	2:11 ～ 21	信仰による義	34	17:9 ～ 18
	23	金	3:1 ～ 14	信仰によって生きる	35	18:1 ～ 12
	24	土	3:15 ～ 22	律法の役割	36	18:13 ～ 23
(復活前第5主日) (受難節第2主日) (四旬節第2主日)	25	日	㉑ 446 ① 285	〈メシアへの信仰〉 列王下 6:8 ～ 17 **ヨハネ 9:(1 ～ 12)13 ～ 41**		エフェソ 5:6 ～ 14 詩編 18:26 ～ 35
	26	月	マルコ 9:2 ～ 13	これに聞け	37:1 ～ 22	エレミヤ 19:1 ～ 13
	27	火	9:14 ～ 29	信仰のないわたしを	37:23 ～ 40	19:14 ～ 20:6
	28	水	9:30 ～ 50	すべての人の後になる	38	20:7 ～ 18
	29	木	10:1 ～ 12	神が結び合わせる二人	39	21:1 ～ 10

③ ＝『ともにうたおう』　　Ⓒ ＝『こどもさんびか　改訂版』

March

	日	曜日	週日聖書日課	内　　容	詩編	週日副日課
世界祈祷日	1	金	マルコ 10:13 〜 22	手を置いて祝福された	40	エレミヤ 22:13 〜 19
	2	土	10:23 〜 31	神には何でもできる	41	22:20 〜 30
(復活前第4主日) (受難節第3主日) (四旬節第3主日)	3	日	㉑ 292 ① 259	〈受難の予告〉 ヨシュア 24:14 〜 24 **ヨハネ 6:60 〜 71**		ガラテヤ 2:11 〜 21 詩編 90:1 〜 12
	4	月	マルコ 10:32 〜 45	偉い人は仕える人	42	エレミヤ 23:1 〜 8
	5	火	10:46 〜 52	信仰があなたを救う	43	23:16 〜 29
	6	水	11:1 〜 11	主がお入り用なのです	44	24:1 〜 10
	7	木	11:12 〜 19	わたしの家は祈りの家	45	25:1 〜 14
	8	金	11:20 〜 26	祈りは必ず聞かれる	46	26:1 〜 9
	9	土	11:27 〜 33	神に関わる権威	47	26:10 〜 24
(復活前第3主日) (受難節第4主日) (四旬節第4主日)	10	日	㉑ 568 ② 391	〈香油を注がれた主〉 サムエル上 9:27 〜 10:1, 6 〜 7 **ヨハネ 12:1 〜 8**		2 コリント 1:15 〜 22 詩編 2:1 〜 12
	11	月	マルコ12:1 〜 12	ぶどう園の農夫の罪	48	エレミヤ 29:1,4 〜 14
	12	火	12:13 〜 27	皇帝のもの神のもの	49	30:10 〜 22
	13	水	12:28 〜 44	神を愛し隣人を愛する	50	31:1 〜 14
	14	木	13:1 〜 13	最後まで耐え忍びなさい	51	31:15 〜 22

㉑ ＝『讃美歌 21』　　　① ＝『讃美歌』　　　② ＝『讃美歌第二編』

	15	金	マルコ 13:14〜27	苦難の予告	52	エレミヤ 31:23〜34
	16	土	13:28〜37	主の御言葉は滅びない	53	31:35〜40
(復活前第2主日) (受難節第5主日) (四旬節第5主日)	17	日	21 442 2 182	**〈十字架の勝利〉** イザヤ 63:1〜9 **ヨハネ 12:20〜36**		コロサイ 2:8〜15 詩編 22:23〜32
	18	月	マルコ 14:1〜11	ナルドの香油	54	エレミヤ 32:1〜15
	19	火	14:12〜31	最後の晩餐	55	36:1〜8,27〜32
	20	水	14:32〜52	父の御心を求める祈り	56	37:11〜21
	21	木	14:53〜65	最高法院での裁判	57	38:1〜13
	22	金	14:66〜72	ペトロ、三度否定する	58	39:1〜18
	23	土	15:1〜20	主の処刑を求める	59	42:1〜17
(復活前第1主日) (受難節第6主日) (四旬節第6主日) 棕櫚の主日 (受難週 30日まで)	24	日	(入堂行列) 21 296 1 137	**〈十字架への道〉** ゼカリヤ 9:9〜10 創世記 22:1〜18 **ヨハネ 18:1〜40**		ヨハネ 12:12〜16 ヘブライ 10:11〜25 詩編 64:1〜11
	25	月	ヨハネ16:1〜15	弁護者を遣わす	26	哀歌 1:1〜11
	26	火	16:16〜33	悲しみが喜びに変わる	31	2:11〜17
	27	水	17:1〜19	永遠の命であるキリスト	43	3:40〜51
洗足木曜日	28	木	17:20〜26	父と子の一致	69:1〜21,29〜30	出エジプト 24:1〜11
受　難　日	29	金	マタイ27:27〜56	侮辱と十字架による死	22	哀歌 5:15〜22
	30	土	ヨハネ19:38〜42	墓に葬られた主イエス	23	創世記 7:10〜24
(復活節第1主日) 復　活　日 (イースター)	31	日	21 333 1 154	**〈キリストの復活〉**(前夜または早朝) 出エジプト 14:15〜22 **マタイ 28:1〜10**		ローマ 6:3〜11 詩編 149:1〜9
			21 332 1 152	**〈キリストの復活〉**(日中) イザヤ 55:1〜11 **ヨハネ 20:1〜18**		1コリント 5:6〜8 詩編 30:1〜13

3 =『ともにうたおう』　　C =『こどもさんびか　改訂版』

April

	日	曜日	週日聖書日課	内　　容	詩　編	週日副日課
	1	月	ヨハネ20:1 ～ 10	空の墓	60	イザヤ 26:1 ～ 9
	2	火	20:11 ～ 23	復活の主の顕現	61	26:12 ～ 19
	3	水	20:24 ～ 31	見ずに信じる者は幸い	62	列王下 4:18 ～ 37
	4	木	21:1 ～ 14	朝の食事をしなさい	63	エゼキエル37:1 ～ 14
	5	金	21:15 ～ 19	わたしを愛しているか	64	ゼカリヤ 8:1 ～ 8
	6	土	21:20 ～ 25	イエスと愛する弟子	65	ゼファニヤ 3:14 ～ 20
(復活節第2主日)	7	日	㉑ 329　　　㊀ 243	〈復活顕現（1）〉　出エジプト 15:1 ～ 11　ヨハネ 20:19 ～ 31		1 ペトロ 1:3 ～ 9　詩編 118:13 ～ 25
	8	月	エフェソ4:1 ～ 16	主は一人、信仰は一つ	66	出エジプト 1:1 ～ 22
	9	火	4:17 ～ 32	古い人を脱ぎ捨てる	67	2:1 ～ 25
	10	水	5:1 ～ 14	神に倣う者になりなさい	68	3:1 ～ 12
	11	木	5:15 ～ 33	互いに仕え合いなさい	69	3:13 ～ 22
	12	金	6:1 ～ 9	キリストの奴隷として	70	4:1 ～ 17
	13	土	6:10 ～ 24	神の武具を身に着ける	71	4:18 ～ 31
(復活節第3主日)	14	日	㉑ 324　　　㊀ 149	〈復活顕現（2）〉　イザヤ 61:1 ～ 3　ヨハネ 21:1 ～ 14		1 ペトロ 1:13 ～ 25　詩編 145:1 ～ 9

㉑ ＝『讃美歌 21』　　㊀ ＝『讃美歌』　　㊁ ＝『讃美歌第二編』

	15	月	黙示録　1:1〜8	イエス・キリストの黙示	72	出エジプト 5:1〜13
	16	火	1:9〜20	最初の者・最後の者	73	5:14〜23
	17	水	2:1〜11	初めの頃の愛に留まれ	74	6:1〜13
	18	木	2:12〜17	白い小石を与えよう	75	6:28〜7:13
	19	金	2:18〜29	今持っているものを守れ	76	7:14〜24
	20	土	3:1〜6	目を覚ませ	77	7:25〜8:15

〈弟子への委託〉

| (復活節第4主日) | 21 | 日 | ㉑ 512 | イザヤ 62:1〜5 | | 黙示録 3:14〜22 |
| | | | ① 338 | **ヨハネ 21:15〜25** | | 詩編 118:1〜12 |

	22	月	黙示録　3:7〜13	門を開けておいた	78:1〜40	出エジプト 8:16〜28
	23	火	3:14〜22	戸をたたいている	78:41〜72	9:1〜12
	24	水	4:1〜11	天の開かれた門	79	9:13〜35
	25	木	5:1〜14	巻物を開く小羊	80	10:1〜11
	26	金	6:1〜17	六つの封印が開かれた	81	10:12〜29
	27	土	7:1〜8	刻印を押された人たち	82	11:1〜10

〈聖霊の実〉

| (復活節第5主日) 労働聖日 (働く人の日) | 28 | 日 | ㉑ 347 | エゼキエル 36:24〜28 | | ガラテヤ 5:13〜25 |
| | | | ① 265 | **ヨハネ 15:18〜27** | | 詩編 106:1〜5 |

| | 29 | 月 | 黙示録　7:9〜17 | 白い衣を着た者たち | 83 | 出エジプト 12:1〜13 |
| | 30 | 火 | 11:1〜13 | 二人の証人 | 84 | 12:14〜28 |

③ ＝『ともにうたおう』　　ⓒ ＝『こどもさんびか　改訂版』

May

	日	曜日	週日聖書日課	内　　容	詩編	週日副日課
	1	水	黙示録 11:14 〜 19	第七の天使のラッパ	85	出エジプト 12:29〜36
	2	木	12:1 〜 6	竜と女	86	12:37 〜 51
	3	金	12:7 〜 17	竜は投げ落とされた	87	13:1 〜 16
	4	土	13:1 〜 10	神を冒涜する二匹の獣	88	13:17 〜 14:4
(復活節第6主日)	5	日	㉑ 481 ① 270	〈キリストの勝利〉 出エジプト 33:7 〜 11 **ヨハネ 16:25 〜 33**		ローマ 8:28 〜 39 詩編 8:1 〜 10
	6	月	黙示録13:11 〜 18	数字は六百六十六	89:1〜36	出エジプト 14:5〜20
	7	火	14:1 〜 13	贖われた十四万四千人	89:37〜53	14:21 〜 31
	8	水	14:14 〜 20	地上に鎌を投げ入れる	90	15:22 〜 27
昇　天　日	9	木	ヘブライ9:19 〜 28	罪を贖う唯一のいけにえ	96	列王下 2:1 〜 15
	10	金	黙示録19:1 〜 10	小羊の婚宴を喜ぶ	91	出エジプト 16:1 〜 21
	11	土	19:11 〜 21	白馬の騎手の登場	92	16:22 〜 36
(復活節第7主日) アジア・エキュメニカル 週間(18日まで) 母　の　日	12	日	㉑ 338 ① 158	〈キリストの昇天〉 列王下 2:1 〜 15 **ヨハネ 7:32 〜 39**		黙示録 5:6 〜 14 詩編 46:1 〜 12
	13	月	黙示録20:1 〜 15	第一の復活	93	出エジプト 17:1 〜 16
	14	火	21:1 〜 8	第二の死	94	18:1 〜 12

㉑ ＝『讃美歌21』　　① ＝『讃美歌』　　② ＝『讃美歌第二編』

	15	水	黙示録21:9 ～ 21	新しいエルサレム	95	出エジプト 18:13 ～ 27
	16	木	21:22 ～ 22:5	主と小羊が都の神殿	97	19:1 ～ 13
	17	金	22:6 ～ 13	見よ、私はすぐに来る	98	19:14 ～ 25
	18	土	22:14 ～ 21	主イエスよ、来てください	99	20:1 ～ 17

| (聖霊降臨節)
第 1 主日
聖霊降臨日
（ペンテコステ） | 19 | 日 | 21 346
1 499 | 〈聖霊の賜物〉
エゼキエル 37:1 ～ 14
ヨハネ 14:15 ～ 27 | | 使徒 2:1 ～ 11
詩編 104:24 ～ 30 |

	20	月	フィリピ 1:1 ～ 8	神への感謝、喜びの祈り	100	民数記 11:16 ～ 30
	21	火	1:9 ～ 18	福音の前進に役立つ	101	サムエル上 10:1 ～ 10
	22	水	1:19 ～ 26	生きるとはキリスト	102	エゼキエル 11:14 ～ 20
	23	木	1:27 ～ 2:4	福音にふさわしい生活	103	ミカ 3:1 ～ 8
	24	金	2:5 ～ 18	キリスト賛歌	104	イザヤ 61:1 ～ 7
	25	土	2:19 ～ 30	テモテとエパフロディト	105:1 ～ 24	エレミヤ 31:31 ～ 34

| (聖霊降臨節)
第 2 主日
三位一体主日 | 26 | 日 | 21 360
2 4 | 〈真理の霊〉
イザヤ 40:12 ～ 17
ヨハネ 14:8 ～ 17 | | 1 テモテ 6:11 ～ 16
詩編 37:23 ～ 40 |

	27	月	フィリピ 3:1 ～ 11	主において喜びなさい	105:25 ～ 45	出エジプト 20:18 ～ 26
	28	火	3:12 ～ 4:1	目標を目指して走る	106:1 ～ 23	24:1 ～ 8
	29	水	4:2 ～ 9	主は近くにおられます	106:24 ～ 48	24:9 ～ 18
	30	木	4:10 ～ 20	置かれた境遇に満足する	107:1 ～ 22	32:1 ～ 14
	31	金	1 テモテ 1:1 ～ 17	強くしてくださった主	107:23 ～ 43	32:15 ～ 29

3 ＝『ともにうたおう』　　　 C ＝『こどもさんびか　改訂版』

15

June

	日	曜	週日聖書日課	内　容	詩　編	週日副日課
	1	土	1テモテ 1:18～2:15	全ての人々のために祈る	108	出エジプト 34:1～10
（聖霊降臨節 第3主日）	2	日	〈神の民の誕生〉			
			㉑ 69	申命記 6:17～25		**ローマ 10:5～17**
			① 225	ヨハネ 3:1～15		詩編 29:1～11
	3	月	1テモテ 3:1b～16	監督と奉仕者の資格	109	民数記 9:15～23
	4	火	4:1～16	信仰の言葉に養われる	110	12:2～16
	5	水	5:1～16	やもめの尊厳と生き方	111	13:17～33
	6	木	5:17～25	教会の長老を敬いなさい	112	14:1～10
	7	金	6:1～10	信心は大きな利得の道	113	14:11～25
	8	土	6:11～21	キリストの再臨に備える	114	20:1～13
（聖霊降臨節 第4主日） 子どもの日（花の日）	9	日	〈信仰の道〉			
			㉑ 509	ハバクク 2:1～4		**1ヨハネ 2:22～29**
			① 39	ヨハネ 3:22～36		詩編 16:7～11
	10	月	2テモテ 1:1～14	祈りの中で思い起こす	115	民数記 21:4～9
	11	火	1:15～2:13	キリストと共に	116	22:1～14,21～35
	12	水	2:14～26	適格者として立つ者	117	22:36～23:12
	13	木	3:1～17	聖書は神の霊の導き	118	23:13～30
	14	金	2テモテ 4:1～18	御言葉を宣べ伝えなさい	119:1～24	民数記 24:1～9

㉑ ＝『讃美歌21』　　① ＝『讃美歌』　　② ＝『讃美歌第二編』

	15	土	テトス 1:1 〜 16	信仰を共にするテトスへ	119:25〜40	民数記 24:10 〜 25
(聖霊降臨節 第 5 主日)	16	日	㉑ 576	〈天のエルサレム〉 ミカ 4:1 〜 7		ヘブライ 12:18〜29
			② 136	ヨハネ 4:5 〜 26		詩編 84:1 〜 13
	17	月	テトス 2:1 〜 15	健全な教えを語る	119:41〜56	申命記　1:1 〜 8
	18	火	3:1 〜 15	善い行いの勧め	119:57〜72	4:1 〜 14
	19	水	フィレモン 1 〜 25	感謝と願いと執り成し	119:73〜88	4:15 〜 24
	20	木	ヘブライ1:1 〜 14	御子は神の栄光の反映	119:89〜104	4:25 〜 35
	21	金	2:1 〜 9	神の大いなる救い	119:105〜128	5:1 〜 21
	22	土	2:10 〜 18	救いの創始者イエス	119:129〜152	5:22 〜 33
(聖霊降臨節 第 6 主日)	23	日	㉑ 400	〈異邦人の救い〉 ヨナ (3:6 〜 10)4:1 〜 11		エフェソ2:11 〜 22
			① 419	ヨハネ 4:27 〜 42		詩編 126:1 〜 6
日本基督教団創立記念日	24	月	ヘブライ3:1 〜 19	イエスはモーセにまさる	119:153〜176	申命記 6:1 〜 12
	25	火	4:1 〜 10	安息にあずかる約束	120	6:13 〜 25
	26	水	4:11 〜 16	神の言葉は生きている	121	7:6 〜 11
	27	木	5:1 〜 14	大祭司イエス	122	8:1 〜 10
	28	金	6:1 〜 12	神は不義な方ではない	123	8:11 〜 20
	29	土	6:13 〜 20	神の確かな約束	124	9:1 〜 7
(聖霊降臨節 第 7 主日)	30	日	㉑ 518	〈生命の回復〉 ホセア 14:2 〜 8		使徒 9:36 〜 43
			① 151	ヨハネ 4:43 〜 54		詩編 49:13 〜 21

③ =『ともにうたおう』　　Ⓒ =『こどもさんびか　改訂版』

July

	日	曜日	週日聖書日課	内　容	詩 編	週日副日課
	1	月	ヘブライ 7:1 ～ 10	メルキゼデクの祭司職	125	申命記 10:11 ～ 22
	2	火	7:11 ～ 28	永遠の祭司イエス	126	11:1 ～ 12
	3	水	8:1 ～ 13	新しい契約の仲介者	127	12:1 ～ 12
	4	木	9:1 ～ 14	地上の聖所と天の聖所	128	13:1 ～ 5
	5	金	9:15 ～ 28	世の終わりにただ一度	129	15:1 ～ 11
	6	土	10:1 ～ 18	永遠に神の右の座に	130	18:15 ～ 22
（聖霊降臨節 第 8 主日）	7	日	㉑ 323　② 161	〈復活の希望〉 ミカ 7:14 ～ 20 ヨハネ 5:19 ～ 36		使徒 24:10 ～ 21 詩編 96:7 ～ 13
	8	月	ヘブライ 10:19 ～ 39	真心から神に近づこう	131	申命記 26:1 ～ 11
	9	火	11:1 ～ 12	信仰により歩んだ人々	132	28:1 ～ 14
	10	水	11:13 ～ 22	天の故郷を熱望して	133	30:1 ～ 10
	11	木	11:23 ～ 40	信仰者の群像の最後尾で	134	30:11 ～ 20
	12	金	12:1 ～ 13	主による鍛錬	135	32:1 ～ 12
	13	土	12:14 ～ 29	感謝と畏れをもって	136	34:1 ～ 12
（聖霊降臨節 第 9 主日）	14	日	㉑ 528　① 316	〈破局からの救い〉 イザヤ 43:1 ～ 13 ヨハネ 6:16 ～ 21		使徒 27:33 ～ 44 詩編 54:1 ～ 9

㉑ ＝『讃美歌 21』　　① ＝『讃美歌』　　② ＝『讃美歌第二編』

	15	月	ヘブライ 13:1〜6	倫理的勧告	137	ヨシュア 1:1〜11
	16	火	13:7〜19	その信仰を見倣いなさい	138	2:1〜24
	17	水	13:20〜25	祝福と結びの言葉	139	3:7〜17
	18	木	1ペトロ1:1〜12	火で精錬された信仰	140	4:1〜11
	19	金	1:13〜25	聖なる者になりなさい	141	5:13〜6:11
	20	土	2:1〜10	神の憐みを受けた民	142	6:12〜23
(聖霊降臨節 第10主日)	21	日	21 473 1 190	〈命の糧〉 列王上 17:8〜16 ヨハネ 6:22〜27		ローマ 14:10〜23 詩編 68:1〜11
	22	月	1ペトロ2:11〜25	神の僕として行動する	143	ヨシュア 7:1〜15
	23	火	3:1〜12	心を一つにしなさい	144	7:16〜26
	24	水	3:13〜22	キリストを主とあがめる	145	8:9〜23
	25	木	4:1〜11	神の賜物を生かす	146	9:1〜21
	26	金	4:12〜19	神に魂を委ねて生きる	147	24:1〜13
	27	土	5:1〜14	目を覚ましていなさい	148	24:14〜28
(聖霊降臨節 第11主日)	28	日	21 81 2 179	〈聖　　餐〉 箴言 9:1〜11 ヨハネ 6:41〜59		1コリント 11:23〜29 詩編 78:23〜39
	29	月	使徒　1:1〜14	イエス、父の許に帰る	149	士師記 2:8〜23
	30	火	1:15〜26	マッティア、使徒になる	150	4:1〜24
	31	水	2:1〜13	約束された聖霊が降る	1	5:1〜18

3 ＝『ともにうたおう』　　C ＝『こどもさんびか　改訂版』

August

	日	曜日	週日聖書日課	内　容	詩編	週日副日課
	1	木	使徒　2:14 ～ 36	ペトロ、福音を証する	2	士師記　5:19 ～ 31
	2	金	2:37 ～ 47	主の仲間が加わる	3	6:1 ～ 6,11 ～ 32
	3	土	3:1 ～ 10	癒しの賜物を生かす	4	7:1 ～ 23
(聖霊降臨節) (第 12 主日) 平 和 聖 日	4	日	21 469 2 164	〈信仰による勝利〉 士師記 6:36 ～ 40 ヨハネ 7:1 ～ 17		1 ヨハネ 5:1 ～ 5 詩編 146:1 ～ 10
	5	月	使徒　3:11 ～ 4:4	ペトロの説教	5	士師記　9:1 ～ 21
	6	火	4:5 ～ 22	ペトロ、大胆に語る	6	9:34 ～ 57
	7	水	4:23 ～ 31	一同、聖霊に満たされる	7	11:1 ～ 11,29 ～ 40
	8	木	4:32 ～ 5:11	富を分かち合う	8	13:1 ～ 25
	9	金	5:12 ～ 26	使徒たち、迫害を受ける	9	14:1 ～ 14
	10	土	5:27 ～ 42	神にのみ従う信仰	10	14:15 ～ 20
(聖霊降臨節) (第 13 主日)	11	日	21 498 1 85	〈神からの真理〉 ヨブ 28:12 ～ 28 ヨハネ 7:40 ～ 52		1コリント 2:11 ～ 3:9 詩編 15:1 ～ 5
	12	月	マタイ 12:9 ～ 21	安息日に癒しを行う	11	士師記　15:1 ～ 8
	13	火	12:22 ～ 37	神の霊で悪霊を追い出す	12	15:9 ～ 20
	14	水	12:38 ～ 50	父の御心を行う家族	13	16:1 ～ 22

21 ＝『讃美歌 21』　　　1 ＝『讃美歌』　　　2 ＝『讃美歌第二編』

	15	木	マタイ 13:1～9	実を結ぶ種	14	士師記	16:23～31
	16	金	13:10～23	天の国の秘密を悟る	15		17:1～13
	17	土	13:24～33	刈り入れの時まで待つ	16		18:1～20,27～31
(聖霊降臨節 第14主日)	18	日	21 523 1 344	〈霊に従う生き方〉 出エジプト 34:4～9 ヨハネ 8:3～11			**ローマ 7:1～6** 詩編 87:1～7
	19	月	マタイ 13:34～43	毒麦のたとえの意味	17	ルツ	1:1～14
	20	火	13:44～58	天の国のたとえ	18:1～31		1:15～22
	21	水	14:1～12	洗礼者ヨハネの処刑	18:32～51		2:1～13
	22	木	14:13～21	五つのパンと二匹の魚	19		2:14～23
	23	金	14:22～36	あなたは神の子です	20		3:1～18
	24	土	15:1～20	汚れは心からでてくる	21		4:1～17
(聖霊降臨節 第15主日)	25	日	21 222 1 461	〈新しい人間〉 出エジプト 13:17～22 ヨハネ 8:12～20			**エフェソ 5:11～20** 詩編 98:1～9
	26	月	マタイ 15:21～28	あなたの信仰は立派だ	22	ヨエル	1:1～13
	27	火	15:29～39	誰もが満腹する	23		1:14～20
	28	水	16:1～12	悪いパン種に注意せよ	24		2:1～11
	29	木	16:13～28	あなたはメシアです	25		2:12～22
	30	金	17:1～13	イエス、山上で変容する	26		2:23～3:5
	31	土	17:14～27	からし種一粒ほどの信仰	27		4:9～21

3 =『ともにうたおう』　　c =『こどもさんびか　改訂版』

September

	日	曜日	週日聖書日課	内　　容	詩　編	週日副日課
(聖霊降臨節 第16主日)	1	日	21 194 1 514	〈神に属する者〉 エレミヤ 28:1 〜 17 ヨハネ 8:(31 〜 36)37 〜 47		**1 ヨハネ 5:10 〜 21** 詩編 65:6 〜 14
	2	月	マタイ 18:1 〜 9	子どものようになる	28	ナホム 1:1 〜 10
	3	火	18:10 〜 20	父の御心を行いなさい	29	2:1,3 〜 14
	4	水	18:21 〜 35	心から兄弟を赦しなさい	30	3:1 〜 3,8 〜 19
	5	木	19:1 〜 15	こどもたちを来させる	31	ハバクク 1:5 〜 17
	6	金	19:16 〜 22	天に宝を積みなさい	32	2:1 〜 19
	7	土	19:23 〜 30	後にいる者が先になる	33	3:1 〜 19
(聖霊降臨節 第17主日)	8	日	21 543 1 536	〈上に立つ人々〉 エレミヤ 50:4 〜 7 ヨハネ 10:1 〜 6		**1 ペトロ 2:11 〜 25** 詩編 23:1 〜 6
	9	月	マタイ20:1 〜 16	神の国の報酬とは	34	ヨブ　1:1 〜 12
	10	火	20:17 〜 34	死と復活の予告	35	1:13 〜 22
	11	水	21:1 〜 17	エルサレムに入城する	36	2:1 〜 13
	12	木	21:18 〜 32	神の国に入る者	37:1 〜 22	3:1 〜 26
	13	金	21:33 〜 46	イエスは隅の親石	37:23〜40	4:1 〜 21
	14	土	22:1 〜 14	婚宴に招かれる客	38	6:1 〜 13

21 ＝『讃美歌 21』　　　1 ＝『讃美歌』　　　2 ＝『讃美歌第二編』

			〈キリストの住まい〉		
(聖霊降臨節第18主日)	15	日	②① 313 ① 12	歴代下 7:11 ～ 16 ヨハネ 10:22 ～ 30	**エフェソ 3:14 ～ 21** 詩編 103:14 ～ 22
	16	月	マタイ 22:15 ～ 33	神のものは神に返す	39	ヨブ　13:1 ～ 26
	17	火	22:34 ～ 46	神を愛し、隣人を愛す	40	14:1 ～ 21
	18	水	23:1 ～ 12	へりくだりなさい	41	19:6 ～ 27
	19	木	23:13 ～ 36	偽善者のようになるな	42	28:1 ～ 11
	20	金	23:37 ～ 24:14	終末の徴とは	43	28:12 ～ 28
	21	土	24:15 ～ 31	大きな苦難がやって来る	44	31:13 ～ 37
(聖霊降臨節第19主日)	22	日	②① 196 ② 194	箴言 3:13 ～ 20 ヨハネ 10:31 ～ 42	**ローマ 11:33 ～ 36** 詩編 139:1 ～ 10
	23	月	使徒 21:27 ～ 39	パウロ、逮捕される	45	ヨブ　38:1 ～ 21
	24	火	21:40 ～ 22:21	パウロ、回心を話す	46	38:22 ～ 41
	25	水	22:22 ～ 23:11	最高法院で弁明する	47	39:1 ～ 30
	26	木	23:12 ～ 35	パウロ、総督の前に出る	48	40:1 ～ 32
	27	金	24:1 ～ 23	総督の前で弁明する	49	41:1 ～ 26
	28	土	24:24 ～ 25:12	パウロ、皇帝に上訴する	50	42:1 ～ 16
(聖霊降臨節第20主日)	29	日	②① 390 ① 270	ダニエル 12:1 ～ 4 ヨハネ 11:1 ～ 16	**2 コリント 5:1 ～ 10** 詩編 65:1 ～ 5
	30	月	使徒 25:13 ～ 27	パウロ、王の前に出る	51	コヘレト 1:1 ～ 18

③ =『ともにうたおう』　　Ｃ =『こどもさんびか　改訂版』

23

October

	日	曜日	週日聖書日課	内　容	詩　編	週日副日課
	1	火	使徒　26:1〜23	王の前で弁明する	52	コヘレト　2:12〜26
	2	水	26:24〜32	王に信仰を勧める	53	3:1〜15
	3	木	27:1〜12	ローマに向けて船出する	54	4:1〜12
	4	金	27:13〜26	パウロ、人々を励ます	55	5:1〜16
	5	土	27:27〜44	人々、元気を取り戻す	56	6:1〜12
(聖霊降臨節) 第21主日 世界聖餐日 世界宣教の日	6	日	㉑ 376 ② 361	〈キリストにある生〉 ヨブ 42:1〜6 ヨハネ 11:28〜44		**フィリピ 1:12〜30** **詩編 73:21〜28**
	7	月	使徒　28:1〜15	マルタ島に漂着する	57	コヘレト　7:1〜14
	8	火	28:16〜31	ローマで福音を宣教する	58	8:9〜17
	9	水	ユダ　　1〜16	信仰を守る戦い	59	9:1〜16
	10	木	17〜25	神の愛で自分を守る	60	10:1〜15
	11	金	2ヨハネ 1〜13	キリストに結ばれなさい	61	11:1〜8
	12	土	3ヨハネ 1〜15	善を行う者は神に属する	62	11:9〜12:14
(聖霊降臨節) 第22主日 神学校日 伝道献身者奨励日	13	日	㉑ 301 ② 177	〈犠　　牲〉 士師記 11:29〜40 ヨハネ 11:45〜54		**ヘブライ 9:11〜15(16〜22)** **詩編 130:1〜8**
	14	月	マタイ 6:1〜15	だから、こう祈りなさい	63	歴代上6:16〜34

㉑ =『讃美歌21』　　　① =『讃美歌』　　　② =『讃美歌第二編』

	15	火	マタイ 6:16 〜 24	神のみに仕えなさい	64	歴代上 10:1 〜 14
	16	水	6:25 〜 34	神の国と義を求めなさい	65	11:1 〜 9
	17	木	7:1 〜 12	神を信頼しなさい	66	13:1 〜 14
	18	金	7:13 〜 20	良い木が良い実を結ぶ	67	15:25 〜 16:7
	19	土	7:21 〜 29	父の御心を行いなさい	68	21:1 〜 13
(聖霊降臨節) (第23主日) 信徒伝道週間(26日まで) 教育週間(27日まで)	20	日	㉑ 532 ② 484	〈天国に市民権をもつ者〉 エレミヤ 29:1, 4 〜 14 ヨハネ 17:13 〜 26		フィリピ 3:7 〜 21 詩編 34:16 〜 23
	21	月	コロサイ 1:1 〜 14	御子による贖い	69	歴代上 22:2 〜 13
	22	火	1:15 〜 29	和解を伝える務め	70	28:1 〜 10
	23	水	2:1 〜 15	キリストに結ばれて歩む	71	29:10 〜 20
	24	木	2:16 〜 3:11	古い心を脱ぎ捨てる	72	歴代下 1:1 〜 13
	25	金	3:12 〜 25	イエスの名によって行う	73	5:1 〜 14
	26	土	4:1 〜 18	ひたすら祈りなさい	74	6:12 〜 25
(降誕前第9主日)	27	日	㉑ 15 ① 15	〈創　　造〉 箴言 8:1, 22 〜 31 マタイ 10:28 〜 33		黙示録 21:1 〜 4, 22 〜 27 詩編 8:2 〜 10
	28	月	マルコ 1:1 〜 13	イエスの公生涯の初め	75	創世記 37:1 〜 11
	29	火	1:14 〜 20	漁師を弟子にする	76	37:12 〜 24
	30	水	1:21 〜 28	悪霊を追い出す	77	37:25 〜 36
宗教改革記念日	31	木	1:29 〜 39	多くの人々を癒す	78:1 〜 40	39:1 〜 6

③ ＝『ともにうたおう』　　Ⓒ ＝『こどもさんびか　改訂版』

November

	日	曜	週日聖書日課	内　容	詩　編	週日副日課
	1	金	マルコ1:40 ～ 45	重い皮膚病の人を癒す	78:41 ～ 72	創世記 39:7 ～ 23
	2	土	2:1 ～ 12	中風の人を癒す	79	40:1 ～ 23
(降誕前第8主日) 聖 徒 の 日 (永眠者記念日)	3	日	㉑ 539 ② 521	〈堕　落〉 **イザヤ 44:6 ～ 17** マタイ 23:25 ～ 36		ローマ 3:21 ～ 28 詩編 51:3 ～ 11
	4	月	マルコ2:13 ～ 17	徴税人レビを弟子にする	80	創世記41:1 ～ 13
	5	火	2:18 ～ 22	新しい生き方	81	41:14 ～ 45
	6	水	2:23 ～ 28	イエスは安息日の主	82	41:46 ～ 57
	7	木	3:1 ～ 6	安息日に癒しを行う	83	42:1 ～ 17
	8	金	3:7 ～ 19	12 人の弟子を選ぶ	84	42:18 ～ 28
	9	土	3:20 ～ 30	ベルゼブル論争	85	42:29 ～ 38
(降誕前第7主日) 障害者週間 （16 日まで）	10	日	㉑ 184 ① 292	〈神の民の選び（アブラハム）〉 **創世記 13:1 ～ 18** マタイ 3:7 ～ 12		ガラテヤ 3:1 ～ 14 詩編 105:1 ～ 11
	11	月	マルコ3:31 ～ 35	御心を行う者は皆家族	86	創世記 43:1 ～ 15a
	12	火	4:1 ～ 20	福音の種を蒔き続ける	87	43:15b ～ 34
	13	水	4:21 ～ 34	神の国は大きく成長する	88	44:1 ～ 17
	14	木	4:35 ～ 41	イエス、突風を静める	89:1 ～ 36	44:18 ～ 34

㉑ ＝『讃美歌 21』　　　① ＝『讃美歌』　　　② ＝『讃美歌第二編』

	15	金	マルコ 5:1 ～ 20	レギオンを追い出す	89:37 ～ 53	創世記45:1 ～ 15
	16	土	5:21 ～ 34	信仰があなたを救った	90	45:16 ～ 28
(降誕前第6主日)	17	日	21 467 1 294	〈救いの約束（モーセ）〉 **申命記 18:15 ～ 22** マタイ 5:38 ～ 48		使徒 3:11 ～ 26 詩編 77:17 ～ 21
	18	月	マルコ5:35 ～ 43	少女を生き返らせる	91	創世記46:1 ～ 7,28 ～ 34
	19	火	6:1 ～ 6a	故郷では敬われない	92	47:1 ～ 26
	20	水	6:6b ～ 13	弟子達を宣教に派遣する	93	47:27 ～ 48:9
	21	木	6:14 ～ 29	洗礼者ヨハネ殺害される	94	48:10 ～ 22
	22	金	6:30 ～ 44	五千人を養う	95	49:29 ～ 50:14
	23	土	6:45 ～ 56	湖の向こう岸で癒す	96	50:15 ～ 26
(降誕前第5主日) 収穫感謝日 謝　恩　日	24	日	21 387 1 424	〈王の職務〉 **ミカ 2:12 ～ 13** マタイ 25:31 ～ 46		黙示録 19:11 ～ 16 詩編 50:1 ～ 6
	25	月	マルコ 7:1 ～ 13	神の言葉を無にするな	97	イザヤ 9:7 ～ 16
	26	火	7:14 ～ 23	人の心が人を汚す	98	9:17 ～ 10:4
	27	水	7:24 ～ 30	異邦人のこどもを癒す	99	10:5 ～ 19
	28	木	7:31 ～ 37	エッファタと言われた	100	10:20 ～ 27
	29	金	8:1 ～ 10	四千人を養う	101	11:11 - 16
	30	土	8:11 ～ 21	パンの奇跡から学べ	102	12:1 ～ 6

3 ＝『ともにうたおう』　　　C ＝『こどもさんびか　改訂版』

December

	日	曜日	週日聖書日課	内　容	詩　編	週日副日課
（降誕前第4主日） （待降節第1主日） 待降節・降臨節 ・アドベント 社会事業奨励日	1	日	㉑ 243 ① 174	〈主の来臨の希望〉 **イザヤ 2:1 〜 5** マタイ 24:36 〜 44		ローマ 13:8 〜 14 詩編 24:1 〜 10
	2	月	ローマ 14:1 〜 12	主のために生き、死ぬ	103	イザヤ 13:1 〜 13
	3	火	14:13 〜 23	神の国は義と平和と喜び	104	14:3 〜 15
	4	水	15:1 〜 6	善を行い隣人を喜ばせる	105:1~24	15:1 〜 16:5
	5	木	15:7 〜 13	福音はすべての民のため	105:25~45	19:1 〜 25
	6	金	15:14 〜 21	異邦人のための宣教者	106:1~23	24:1 〜 23
	7	土	15:22 〜 33	ローマ訪問の願い	106:24~48	26:1 〜 19
（降誕前第3主日） （待降節第2主日）	8	日	㉑ 232 ① 172	〈旧約における神の言〉 **イザヤ 59:12 〜 20** マタイ 13:53 〜 58		ローマ 16:25 〜 27 詩編 96:1 〜 13
	9	月	1テサロニケ 1:1 〜 10	主に倣う者たち	107:1~22	ダニエル 7:1 〜 14
	10	火	2:1 〜 12	パウロの宣教の意味	107:23~43	7:15 〜 27
	11	水	2:13 〜 20	テサロニケ訪問の願い	108	ゼファニヤ 3:11 〜 20
	12	木	3:1 〜 13	テモテの報告を喜ぶ	109	ゼカリヤ 9:9 〜 12
	13	金	4:1 〜 12	神に喜ばれる生き方	110	13:1 〜 9
	14	土	4:13 〜 18	眠れる者たちの復活	111	14:1 〜 9

㉑ ＝『讃美歌 21』　　　① ＝『讃美歌』　　　② ＝『讃美歌第二編』

(降誕前第2主日) (待降節第3主日)	15	日	② 238 ① 176	**〈先駆者〉** **士師記 13:2 ～ 14** **マタイ 11:2 ～ 19**		フィリピ 4:4 ～ 9 詩編 113:1 ～ 9
	16	月	1テサロニケ5:1 ～ 11	主の日のために備えよ	112	マラキ2:17 ～ 3:5
	17	火	5:12 ～ 28	いつも喜んでいなさい	113	3:19 ～ 24
	18	水	フィリピ 2:5 ～ 11	イエスを主と告白する	114	イザヤ 55:1 ～ 5
	19	木	4:4 ～ 9	主において喜びなさい	115	55:6 ～ 13
	20	金	テトス 2:11 ～ 15	祝福に満ちた希望	116	56:1 ～ 5
	21	土	3:4 ～ 7	永遠の命を受け継ぐ者	117	57:14 ～ 21
(降誕前第1主日) (待降節第4主日)	22	日	② 244 ① 95	**〈告　知〉** **イザヤ 7:10 ～ 14** **マタイ 1:18 ～ 23**		黙示録 11:19 ～ 12:6 詩編 46:1 ～ 12
	23	月	ガラテヤ 4:1 ～ 7	神の富の相続人	118	イザヤ 59:1 ～ 15a
	24	火	エフェソ3:14 ～ 21	人の知識を超える神の愛	119:1 ～ 24	59:15b ～ 21
降 誕 日 （クリスマス）	25	水	② 255 ① 111	**〈キリストの降誕〉**（前夜） **ミカ 5:1 ～ 3** **ルカ 2:1 ～ 20**		テトス 2:11 ～ 15 詩編 85:9 ～ 14
			② 259 ① 100	**〈キリストの降誕〉**（日中） **イザヤ 9:1, 5 ～ 6** **ヨハネ 1:1 ～ 14**		1 ヨハネ 4:7 ～ 14 詩編 29:1 ～ 11
	26	木	1 ヨハネ2:1 ～ 11	新しい掟に生きる	57	イザヤ 42:1 ～ 9
	27	金	2:12 ～ 17	神の御心を行う人	97	49:1 ～ 6
	28	土	3:1 ～ 10	神の民として生きる	128	50:4 ～ 11
(降誕節第1主日)	29	日	② 278 ① 116	**〈東方の学者たち〉** **イザヤ 60:1 ～ 6** **マタイ 2:1 ～ 12**		エフェソ 3:2 ～ 12 詩編 27:1 ～ 6
	30	月	1 ヨハネ5:1 ～ 12	御子に結ばれて生きる	142	イザヤ 53:7 ～ 12
	31	火	5:13 ～ 21	真実の神、永遠の命	144	51:1 ～ 11

③ ＝『ともにうたおう』　　　ⓒ ＝『こどもさんびか　改訂版』

〈日毎の糧〉聖書日課の用い方

　「教会暦」と「聖書日課」は、教会の長い歴史の中で形作られてきた貴重な遺産です。これによって、聖書の重要な出来事が周期的に記念され、時間的、地域的、教派的に隔たっている教会が、信仰においてひとつに結ばれます。

教会暦について

　キリスト教の信仰は歴史の中で働く神の御業に基づくものであり、その中心にキリストの救いの出来事があります。しかし、それらは創造から終末に向かう直線的な時の流れの中にあり、放っておけば帰らぬ過去に押しやられ、忘却されてしまいます。そこで、神の御業が我々の信仰にとって有意義なものとなるためには、周期的に記念される必要があります。このことを暦の文化を用いて行っているのが、教会暦なのです。

　私たちの教会暦は、3つの大きな救済の出来事を中心として構成されています。すなわち、降誕日（クリスマス）、復活日（イースター）、聖霊降臨日（ペンテコステ）です。

　まず、降誕日を中心にして、その準備期間としての降誕前節（9主日／待降節を含む）と、降誕日から始まる降誕節があります＊。次に、復活日を中心にして、その準備期間としての復活前節（6主日／四旬節、受難節）と、復活日から始まる復活節（7主日）があります。そして、さらに聖霊降臨日から次の降誕前節に至る20数主日を含む聖霊降臨節へと続きます。

　降誕前節から復活節までは「主の半年」として、イエス・キリストの生涯とその働きを想起することが中心的なテーマとなる期間です。

　聖霊降臨節は「教会の半年」と言われ、教会が聖霊の導きのもとに宣教に励むことを覚える期間となります。日本基督教団ではここに多くの行事が位置づけられています。

＊一般的な狭義のクリスマス・シーズンは降誕日（12月25日）から公現日（1月6日）にいたる期間です。2019年から、公現日後の主日の呼称として「公現後」を並記しました。

聖書日課について

　教会暦は自然や季節に根ざす暦ではなく、教会で行われる礼拝と密接に結びついています。教会暦はそれぞれの主日の礼拝にふさわしい聖書箇所を選択し、それらを「聖書日課」として適切に配分することによって具体化されていきます。

（1）主日聖書日課について

　聖書箇所は、教会暦に従って旧約、使徒書、福音書から選択されています。これら３つの聖書箇所が、いわば立体的にその日のメッセージを指し示しています。降誕前節では旧約が、降誕節から復活節までは福音書が、聖霊降臨節では使徒書が選択の軸となっています（本書ではゴシック体で表記）。説教テキストの選定に際して目安にするとよいでしょう。他の２つの箇所は説教で詳しく言及しなくても自ずと響き合うことが期待されます。また、各主日に相応しい詩編の箇所も選択されています。礼拝における「交読詩編」などの参考になると思います。

　主日日課の詩編の朗読配分は新共同訳聖書に基づいて表題も含む節番号で表記されています。ユダヤ教の礼拝では必ず表題も朗読するそうですが、表題を含んで朗読するかどうかは各教会で自由に判断してください。

　各年の主日日課表は年によって変動する部分があります。降誕前節、復活前節、復活節は毎年主日の数が定まっていますが、イースターが移動するため、降誕節と聖霊降臨節はその年によって主日の数が変わり、聖書日課配分にも若干の影響が生じます。ただし降誕節の最後の３主日は必ず降誕節第９、10、11主日の日課を用い、聖霊降臨節の最終主日は必ず第24主日のものを用いることになっております。４年サイクル主日聖書日課の全体については日本キリスト教団出版局聖書日課編集委員会編『日毎の糧ガイド』巻末の聖書日課資料をご覧ください。

　季刊『礼拝と音楽』には、この主日日課による「主日礼拝に備えて ── 説教者・奏楽者とともに」が掲載されていますので、主日の説教準備や賛美歌選びや奏楽曲の参考として活用していただけると思います。また当出版局から、聖書日課編集委員会編『「新しい教会暦」による説教への手引き』（2008年）が出版されております。４年サイクルの全主日の黙想が出ておりますので参考にしてください。

（2）週日聖書日課について

　週日聖書日課は主日聖書日課とは別系統のものです。よりいっそう継続朗読の性格が強くなります。2004年秋から本書が採用した６年サイクルの週日聖書日課は、完全な継続朗読は脱したとはいえ、聖書の重要な物語や出来事は網羅されています。また、日々の詩編が配されることで、ただ聖書を読むための手引きに止まらず、礼拝的用途としても活用できるものになりました。そして週日副日課も掲載されておりますので、あわせて用いれば、よりいっそう聖書の世界全体に親しむことができると思います。

　月刊『信徒の友』では、毎月異なる執筆者による主日及び週日聖書日課の解説が掲載されておりますので、ご購読をお勧めいたします。

典礼色について

　教会暦との関連で典礼色を用いる教会も少なくありません。参考のため、以下のような用例を提案いたします。

降誕前節　第 9 ～ 5 主日	緑
降誕前節　第 4 ～ 1 主日（待降節）	紫
降誕日（前夜・日中）	白
降誕節	白
公現日	白
復活前節（四旬節・受難節）	紫
棕梠の主日	紫または赤
洗足木曜日	白
受難日	赤
復活節	白
復活日（前夜または早朝・日中）	白
聖霊降臨節	緑
聖霊降臨日	赤
三位一体主日	白

※『日毎の糧――主日聖書日課・家庭礼拝暦』電子版も刊行されております。
　詳しくは出版局のホームページをご覧ください。
　本書は新共同訳聖書に準拠しています。

日毎の糧 2024 —— 主日聖書日課・家庭礼拝暦

2023 年 9 月 27 日　発行　　　©日本キリスト教団出版局

編集者　　聖書日課編集委員会
発行者　　日本キリスト教団出版局
169-0051　東京都新宿区西早稲田 2 丁目 3 の 18
電話　03（3204）0421
https://bp-uccj.jp
印刷製本　文唱堂印刷

表紙デザイン―― 小林　秀二

ISBN978-4-8184-1144-9 C0016　日キ販